AF456499

LETTRE

D'UN VENDÉEN

A M. le Ministre des Affaires Étrangères.

PARIS. — IMPRIMERIE DE W. REMQUET ET Cie,
rue Garancière, n. 5.

LETTRE
D'UN VENDÉEN

A M. le Ministre des Affaires Etrangères.

EN RÉPONSE
AUX PIÈCES DIPLOMATIQUES DESTINÉES A COMBATTRE
L'ENCYCLIQUE DU PAPE

PAR

H. GRIMOUARD DE SAINT-LAURENT

PARIS
CHARLES DOUNIOL, LIBRAIRE-ÉDITEUR
29, rue de Tournon

1860

LETTRE

D'UN VENDÉEN

A M. LE MINISTRE DES AFFAIRES ÉTRANGÈRES

Les catholiques, vivement émus par la position critique où ils voyaient le vénérable Pontife qu'ils aiment et respectent à tant de titres comme leur père, avaient reçu de sa lettre *Encyclique* une singulière impression de force et de confiance.

Votre circulaire aux agents diplomatiques de la France, et votre dépêche à M. l'ambassadeur de France près le Saint-Siége, sont venus mettre en doute s'ils ne devaient pas plus tôt reconnaître leur faiblesse et désespérer de la plus sainte des causes.

Si ce n'était la modération et le ton convaincu de votre langage, le doute n'eût pas été possible; ils se seraient aussitôt armés d'un surcroît d'énergie contre une pensée ouvertement hostile; je ne voudrais pas répondre, au contraire, qu'il n'y en ait dont le premier mouvement ait été de céder à vos illusions; tout au moins pour y résister en est-il beaucoup qui auront senti le besoin de réfléchir. J'ai essayé moi-même de le faire, et ce sont mes réflexions que je prends la liberté de vous soumettre.

Pour justifier cette liberté, j'aurai l'honneur de vous faire observer que les droits du Pape, s'ils sont ceux de l'Eglise dont il est la tête, sont aussi ceux des catholiques qui en sont les membres. Les droits du Pape ne sauraient donc être en cause que tous les catholiques ne soient mis en demeure de se défendre en les défendant.

La première question de l'esprit attentif est à se demander quelle est votre conclusion ? Or cette conclusion tend manifestement à laisser dépouiller le Pape, à déclarer la France impuissante à le protéger.

C'en est assez pour blesser profondément notre sentiment national, pour réveiller toute conscience de chrétien.

Vous affirmez, il est vrai, qu'il s'agit d'intérêts purement temporels, et vous accusez le Pape d'avoir transporté a tort la question dans la région religieuse ; mais que peuvent penser d'une telle accusation ceux qui croient, comme le doit faire tout bon catholique, que le Pape seul à mission de Dieu pour déclarer ce qui est religieux et ce qui ne l'est pas?

Ils s'écrieront avec le Pape: Les intérêts sont religieux puisqu'il s'agit dans leurs rapports avec le temps, des intérêts de la religion et du premier de ses ministres.

Et, désormais, en garde contre toutes vos paroles, il leur sera facile de remarquer que les ennemis de l'église ont affirmé n'en avoir pas trouvé de meilleures, pour exprimer leurs propres pensées.

Qui croira qu'il n'ait pas été possible, qu'il ne le soit pas encore à la France, de parler et d'agir dans les intérêts du

Saint-Siége autrement que ne le désirent ceux qui complotent sa ruine ?

Vous ne parlez pas, nous ne pouvons en disconvenir, d'imposer au Pape d'autres sacrifices que celui des Légations.

Vous dites que la situation critique de ces provinces est antérieure à la guerre d'Italie, que leur insurrection était inévitable et prévue du jour où cesserait l'occupation autrichienne, et vous pensez vous décharger ainsi de la responsabilité de cette insurrection et de ses conséquences, vous décharger, du même coup, de l'obligation de la réparer.

Sans doute, que cette insurrection était prévue, comme il est prévu qu'on ne retirerait pas les garnisons de Paris, de Lyon ou de telles autres grandes villes, sans les livrer immédiatement au parti de la révolution, partout en minorité, mais partout le plus actif et le plus organisé.

Tout particulièrement, travaillées par le contre-coup de nos erreurs révolutionnaires, par nos premières invasions, par les sociétés secrètes et des tentatives réitérées de soulèvement ; en butte aux vues ambitieuses du Piémont, les Romagnes avaient besoin d'être protégées par une force militaire dont malheureusement le gouvernement tout paternel de Rome n'était pas par lui-même assez pourvu.

C'était le danger de la situation, le danger de notre intervention en Italie pour souteuir une puissance ouvertement hostile au Saint-Siége le danger d'une guerre où nous aurions pour alliés naturels les révolutionnaires de toutes les nuances.

Vous n'ignorez pas combien la prévision même de ces dangers fit naître de craintes en France au commencement de la guerre d'Italie; vous n'ignorez pas quelles promesses solennelles furent faites au Saint-Siége précisément pour calmer ces appréhensions. Vous n'ignorez pas que ces promesses n'avaient fait que rassurer à demi les catholiques, parce que les mauvaises situations sont ordinairement plus fortes que les promesses même, les plus sincères.

En effet, parallèlement au succès de nos armes dans le nord de l'Italie, la révolution triomphait dans le centre.

Emportés bientôt nous-mêmes par le prestige de notre gloire militaire, à peine avions-nous des yeux pour ces conséquences malheureuses de notre expédition. Au fond nous avions d'ailleurs la confiance que la France, maîtresse du terrain, le serait de remettre d'un mot toutes choses à sa place.

La victoire de Solferino acheva de dessiner dans ce sens la solution possible de cette crise. Les termes de la paix de Villafranca qui en sortirent semblait devoir donner un heureux démenti à ceux qui avaient continué de donner à leurs craintes une place supérieure à leurs espérances.

Dans ce moment la France voyait s'ouvrir devant elle le rôle peut-être le plus beau qu'il lui eût été donné de prendre depuis Charlemagne.

Comparée avec celle du VIIIe siècle, notre intervention dans les affaires d'Italie avait commencé en sens inverse. Nous avions accordé aux Lombards l'appui de l'épée, tournée contre eux par Charlemagne, mais nos services mêmes nous créaient un titre de plus à exiger que, se contentant de l'augmentation de territoire ou de l'indépendance que nous leur avions si généreusement conquises, ils nous laissassent loyalement remplir les engagements que nous avions pris vis-à-vis du Siége apostolique.

Je ne saurais dire quels frémissements s'élevèrent alors dans certaines âmes partagées entre la joie de voir prêt à s'accomplir un si grand acte de réparation et de justice, et la pensée, que rien n'est capable de consolider pour des siècles une dynastie nouvelle comme un service de premier ordre rendu à l'Église; la pensée que ces sentiments de vieille fidélité impérissables au fond du cœur quand ils y sont bien gravés, il les y faudrait refouler pour jamais peut-être; la pensée que tous seraient obligés de le faire non plus seulement sous l'empire d'une nécessité impérieuse, mais commandés par des titres aussi éminents à la reconnaissance comme au respect des catholiques.

Ces perplexités de conscience, ceux-là seuls les connaissent qui dans leur cœur ont une place pour tous les droits, et toujours les veulent compter, heureux ou malheureux, juste pour ce qu'ils valent.

Jusque-là beaucoup de catholiques de ceux-mêmes qui n'étaient pas étrangers aux antiques traditions monarchiques, avaient été ébranlés en faveur du pouvoir du 2 décembre. Ils lui avaient su gré de s'être associé dans une large mesure à la réaction favorable à la liberté de l'Église et aux grands intérêts de l'ordre social, provoquée en sens contraire par le mouvement anarchique et socialiste du 24 février; il leur pouvait sembler que l'homme providentiel porté à la tête de la société par le concours de tant d'événements imprévus, pouvait seul continuer et consolider cette heureuse réaction.

Leur assentiment toutefois donné en général avec cette pensée que dans la pratique il ne faut vouloir du bien que la mesure du possible, n'excluait pas les réserves qu'il leur était permis de faire intérieurement.

Ou s'il en était dont l'attachement parut prendre un caractère plus définitif, c'est qu'ils étaient précisément de ceux qui, par un oubli trop facile du passé, se rendent peu capables d'offrir à l'avenir une sérieuse garantie.

Les situations se seraient peut-être dessinées d'une manière toute nouvelle si le gouvernement de la France eût montré cette magnanimité, assurément la plus grande de toutes, qui consiste à revenir sur des pas mal engagés.

Il est à chacun de nous individus ou nations, au moins une fois dans la vie, un jour offert par la miséricorde divine pour le faire avec une facilité dont nous ne remarquons pas assez les paternelles dispositions.

Ce jour, l'aurions-nous manqué? Ou bien est il avec la révolution de tels liens, qu'une fois contractés, il ne soit plus possible de s'en dégager?

De tels doutes durent renaître avec une nouvelle énergie quand on vit la révolution laissée la maîtresse partout où elle s'était établie.

Vous ne méconnaissez point il est vrai les droits temporels du Saint-Siége; loin de vouloir le dépouiller d'aucun de ses États, vous lui avez donné les conseils qui pouvaient le mieux le servir, vous les pensez, pour les conserver.

Les gouvernements nés de l'insurrection ont reçu, vous pourriez l'ajouter, celui de rétablir chez eux leurs princes légitimes.

Les conseils servent peu adressés à des hommes qui ne veulent pas ou ne peuvent pas les suivre.

Pie IX a suffisamment montré qu'il était disposé à épuiser la mesure des concessions compatibles avec la dignité de sa couronne et le bien de ses peuples; mais quand on veut lui persuader d'en faire qui, entre les mains de ses ennemis, doivent aussitôt se retourner contre lui en moyen d'attaques, pourrait-il suivre ces conseils?

Selon la pensée de Mgr l'évêque d'Orléans, on ne fait la part au feu qu'à la condition d'arrêter l'incendie au prix de ses sacrifices.

Ou bien pouvez-vous persuader à des catholiques que le titre de prêtre soit sérieusement de nature à faire perdre les qualités qui rendent propres à bien gouverner?

Par vos conseils, vous encouragez la révolution, loin d'offrir les moyens de la contenir, et vous vous rendez plus gravement responsables de ce que vous lui laisserez faire.

Aujourd'hui sans doute nous ne pouvous ez déjà plus ce que nous pouvions au lendemain de Solferino et de Villafranca; avec notre influenee, notre puissance de réparation s'est affaiblie de toute la force que nous avons laissé prendre contre le Pape aux révolutionnaires italiens, appuyés de la politique machiavélique du cabinet anglais.

Est-il vrai cependant que la France ne puisse rien? Vous le persuaderiez tout au plus si on nous avait vu tenter d'agir avec énergie dans le sens des réclamations des catholiques comme de nos promesses. Admettant même que toute intervention armée dans les provinces révoltées soit dans ce moment ou impossible ou impolitique, pourquoi la France ne parlerait-elle pas? Qu'elle parle comme elle doit le faire! Qu'elle déclare hautement à la face de l'Europe que jamais elle ne reconnaîtra aucun gouvernement, aucune combinaison politique, aucun remaniement de territoire issus de ces menées subreptrices qui auraient travesti son action, s'interposant pour délivrer un peuple de la suggestion étrangère, en une complicité coupable avec d'indignes spoliateurs.

Si nous nous étions seulement montrés résolus de parler ferme dans le Congrès, résolus de ne rien y céder des droits du Pape, nos rapports avec le Saint-Siége, avec les évêques, avec tous les catholiques, avec l'Église en un mot, n'auraient pas pris le caractère tendu qu'ils prennent de plus en plus. Le Pape n'eut pas écrit sa lettre *Encyclique*, et si elle ne fût pas venue consoler et raffermir les cœurs fidèles, ils n'auraient pas non plus autant besoin de consolation et de force.

Loin de là, lorsque le Congrès allait s'ouvrir, parut cette brochure qui, sous une forme de douceur affectée, contenait, contrairement aux intérêts et aux droits du Saint-Siége, des doctrines et des insinuations qu'il n'est plus besoin d'apprécier. Cette brochure, soupçonnée de contenir la pensée du gouvernement, n'étant pas désavouée, le Pape dut refuser de se faire représenter au Congrès, dut élever la voix pour se plaindre, dut solennellement avertir le monde chrétien du danger de l'Église, et les catholiques, répondant à sa voix, durent, par tous les moyens possibles, témoigner qu'ils partageaient ses angoisses.

S'il est vrai que les Français ne puissent rien pour le Pape, rien, ni parler ni agir, rien, sinon lui donner le conseil de se laisser dépouiller; s'il est vrai qu'il n'y ait aucun moyen de lui conserver les provinces insurgées à supposer qu'elles lui soient rendues; aucun moyen par conséquent de lui conserver les autres parties de ses États, à supposer que le volcan révolutionnaire, fortifié par notre adhésion tacite, vienne par les mêmes voies qu'on lui a laissé prendre pour envahir celles-là, à étendre jusqu'à celles-ci la lave toujours croissante de ses envahissements; s'il est vrai qu'il ne serve de rien de s'entendre avec les autres puissances catholiques pour utiliser le bon vouloir de tant de millions de cœurs qui adressent journellement au père commun des chrétiens le témoignage de leur dévouement; de rien de donner le temps au Pape de lever la petite armée nécessaire pour maintenir l'ordre chez lui par les mêmes moyens qu'il se maintient chez nous et partout ailleurs; s'il est vrai qu'il ne serve de rien de contraindre le Piémont à demeurer dans ses justes bornes; de rétablir comme un cordon sanitaire autour des États pontificaux les princes dépossédés; s'il est vrai qu'en faveur du Pape les moyens diplomatiques soient aussi inutiles entre nos mains que l'honneur d'être les premiers soldats du monde. Pourquoi n'en pas témoigner plus de regrets? Comment en prendre si aisément son parti?

Vous voudriez que le Pape fît de même et qu'au mépris de ses serments il renonçât au moins en partie au domaine de l'Église.

Vous cherchez dans l'histoire des exemples pour prouver que les États du Pape peuvent être soumis aux mêmes vicissitudes que ceux des puissances séculières. Pour tirer une conclusion des faits invoqués par vous, il ne suffirait pas de les citer, il faudrait les juger, en apprécier les motifs, les conséquences.

En les jugeant bien, vous verriez que quelque soient les succès de la force, de l'habileté; quelque soient les chances heureuses, les négociations et les traités, même dans l'ordre des intérêts de ce monde, ce n'est jamais impunément que le bon droit perd la partie. Et quoi qu'il en ait été d'ailleurs, si la justice fut lesée relativement aux droits de l'Église ou de son Chef visible, le coupable devant Dieu a toujours été un sacrilége.

Si grand qu'ait été le malheur des temps qui nous ont précédés, les circonstances ou nous sommes ont une gravité tout exceptionnelle : la révolution s'est déclaré l'ennemie de tout droit, de toute autorité, de toute propriété. C'est à ce titre qu'elle s'attaque dans ce moment aux droits les plus sacrés, à la propriété la mieux acquise, à la plus haute autorité.

Céder dans ces circonstances, ce ne serait pas céder dans l'ordre des faits, ce serait céder dans l'ordre des principes; la papauté ne l'a jamais fait, elle ne le fera jamais.

Elle a pu, en d'autres temps, sans valider l'usurpation, renoncer à réclamer une propriété usurpée; aujourd'hui elle ne fera même pas cette concession du silence parce que ce serait donner cours à toute usurpation. Du même droit qu'on lui prend les Romagnes, Rome lui serait prise demain; ma maison, mon champ, les vôtres le seraient de même, et jusqu'aux mêts déjà servis sur nos tables pour le repas de nos familles.

Dans les temps antérieurs, les divers prétendants qui se disputaient un domaine, une province, un royaume, invoquaient une loi, une coutume, un principe reconnu de droit privé, public, international, des titres, des conventions; ils le faisaient à tort ou à raison, d'après des interprétations plus ou moins consciencieuses, mais enfin ils invoquaient quelque chose qui impliquait la reconnaissance d'un droit établi alors même qu'ils en faussaient l'application.

Dans ces conditions, la justice ne recevait des lésions que partielles, transitoires, locales, comme celle d'un succès, d'un procès inique sous l'empire d'une loi juste.

La révolution émet un principe absolu de subversion en vertu duquel il n'y aurait plus de droits acquis; sur ce principe ceux qui ont le malheur de l'invoquer ne peuvent eux-même rien fonder de stable; en présence de ce principe céder à la révolution sur un point, c'est lui céder sur tout.

Direz-vous qu'il faut bien céder à la force des choses? succomber en protestant du droit contre la force, n'est pas céder dans le sens où je l'entends, répondrais-je, si je ne devais croire plutôt que la force de contenir et de refouler la révolution, nous l'avons encore réellement entre les mains

Mais prenons garde, un jour, par malheur, la France a eu la révolution pour alliée. A dater de ce jour, nous n'avons plus osé la combattre, nous avons tout au plus essayé de la conseiller. Bientôt si nous continuons à la laisser faire, elle sera la plus forte, elle entraînera ceux qui croiront encore la diriger. Il en arrivera comme du torrent qui porte quelque temps au-dessus de ses eaux avant de l'engloutir le chêne qu'il vient de déraciner.

Le torrent néanmoins passera! quand il sera passé, les uns et les autres nous ne serons peut-être déjà plus, mais l'Eglise aura remporté un nouveau triomphe; les principes que le vicaire de Jésus-Christ a proclamés et dont je ne fais que répéter un écho affaibli, vivront toujours, et ce sera comme par le passé, sous leur sauvegarde tutélaire que pourront s'abriter de nouvelles générations.

www.ingramcontent.com/pod-product-compliance
Ingram Content Group UK Ltd.
Pitfield, Milton Keynes, MK11 3LW, UK
UKHW022157260726
13993UKWH00005B/2418